Edition Paashaas Verlag

W0084172

EPV

Die im Buch veröffentlichten Ratschläge wurden von der Verfasserin sorgfältig erarbeitet und geprüft. Eine Garantie kann dennoch nicht übernommen werden; ebenso ist eine Haftung der Verfasserin bzw. des Verlages und seiner Beauftragten für Personen-, Sach- und Vermögensschäden ausgeschlossen. Namen und Begebenheiten in den Geschichten sind frei erfunden. Ähnlichkeiten mit lebenden Personen und tatsächlichen Begebenheiten sind nicht beabsichtigt, sondern rein zufällig.

Krimiparty Kids
Band 3

Hindernisse

Ein Mitspielkrimi für Pferdefreunde

Autorin: Cornelia H.-Müller
Cover-Motive: Pixabay
Cover designed by Michael Frädrich
© Edition Paashaas Verlag, www.verlag-epv.de
ISBN: 978-3-96174-046-8
Printed: BoD, Norderstedt
Neuerscheinung August 2019
Altersempfehlung: ab 12 Jahre

Die Deutsche Nationalbibliothek verzeichnet diese
Publikationen in der Deutschen Nationalbibliografie;
detaillierte bibliografische Daten sind im Internet über
http://dnb.d-nb.de abrufbar.

Inhaltsverzeichnis

Einleitung

Mithilfe dieses Buches könnt ihr mit der Familie, Klassenkameraden oder Freunden auf Tätersuche gehen. Ihr taucht in einen spannenden Kriminalfall ein, ermittelt, befragt und bewertet Tatsachen und Aussagen.

Dabei werden keine schauspielerischen Fähigkeiten von euch verlangt. Ihr sitzt mit den Mitspielern gemütlich zusammen und versucht gemeinsam, dem Täter auf die Spur zu kommen.

Zu diesem Krimi gibt es eine Vorlesegeschichte, Rollenbeschreibungen für alle Mitspieler und eine Auflösung.

Der Krimi ist so angelegt, dass in einem Bereich ermittelt wird. Ob ihr also zu Hause, im Klassenzimmer oder im Freien die Ermittlungen aufnehmt, spielt keine Rolle.

Das Buch ist mit dem Internet gekoppelt. Das benötigte Zubehör könnt ihr ganz einfach herunterladen und ausdrucken. Hinweise dazu findet ihr unter dem Kapitel: Was im Vorfeld zu tun ist.

Dauer des Spiels: ca. 1,5 bis 2 Stunden

Wie viele Personen können mitspielen?

Diese Geschichte ist für 6-8 Personen geeignet. Dies bedeutet, 6 Personen haben eine feste Rolle, 2 weitere Personen können mitspielen. Ihr müsst die Rollen nicht geschlechtsspezifisch besetzen, ein Mädchen oder eine Dame kann ebenso gut eine männliche Rolle übernehmen, wie umgekehrt.

Die sechs Hauptrollen sollten für ein gutes Gelingen eurer Ermittlungen besetzt sein.

Die zwei Gastrollen können, müssen aber nicht besetzt werden. Zur Rollenverteilung:

Bei 6 Mitspielern lasst ihr die Rollen von Matze Müller und dem Beobachter weg;
Bei 7 Mitspielern mit Matze, aber ohne Beobachter
Bei 8 oder mehr Mitspielern vergebt ihr auch die Rolle des Beobachters.

Wenn ihr mit eurer Schulklasse oder zu Hause eine größere Krimiparty organisieren wollt, ist auch das möglich. Setzt euch jeweils in Gruppen mit 6-8 Personen an einen Tisch und druckt alle Rollentexte und Namensschilder in entsprechender Menge aus.

Ein vorher bestimmter Spielleiter liest die Vorlesegeschichte zentral und laut für euch alle vor. Ihr könnt natürlich auch abwechselnd vorlesen, ganz so, wie es für euch am besten ist. Jeder Tisch ermittelt danach für sich. Es ist sicher spannend zu erfahren, welche Tische auf die richtige Lösung gekommen sind.

Was im Vorfeld zu tun ist:

Ladet Freunde ein oder verabredet euch zu eurer KRIMIPARTY.
Einen Vordruck für eine Einladung haben wir für euch erstellt.

Geht auf die Internetseite http://www.verlag-epv.de
Wählt den Bereich: Downloads, Krimiparty

Wählt „Hindernisse" aus.

Benutzername: kids3@verlag-epv.de
Passwort: hmueller19

- Druckt die Einladung aus.
- Druckt die Kurzbeschreibung aus.
- Druckt die Rollentexte aus.
Bei mehreren Gruppen druckt für jeden Tisch einen kompletten Satz aus.
- Druckt die Namensschilder aus und schneidet sie zurecht.
- Legt für jeden Mitspieler Papier und Bleistift für Notizen zurecht.

Erklärungen zur Durchführung:

Die Kurzbeschreibung informiert euch, welche Charaktere in diesem Krimi eine Rolle spielen. Überlegt, wer welche Rolle übernehmen soll und heftet euch ein Namensschild mit dem neuen Namen an die Kleidung. Mit einem Klebestreifen geht dies ganz einfach.

Die Vorlesegeschichte wird nun vom Spielleiter laut vorgelesen. Erst danach erhält jeder Mitspieler seinen persönlichen Rollentext. Dieser Rollentext besteht aus 2 Seiten; dem Vorstellungstext und dem Hinweistext.

Jeder liest beide Seiten seines Textes nun kurz still durch. Der Täter erfährt nun auch, dass er die Tat begangen hat. Er soll keinesfalls vor dem Ende des Spiels ein Geständnis abgeben. Wenn ihr mit der Ermittlungsrunde beginnen wollt, lest die Vorstellungstexte reihum laut am Tisch vor. Die Reihenfolge steht auf den Rollentexten.

Der Geheimtext enthält weitere, wichtige Hinweise. Dieser Text wird nicht vorgelesen; er dient eurer Ermittlungsarbeit.

Stellt euch nun Fragen und versucht herauszufinden, was geschehen ist. Nutzt dazu auch das Wissen aus dem Geheimtext. Ihr solltet ehrlich auf die Fragen antworten, lügen darf nur der Täter.

Macht euch Notizen; diese können ganz hilfreich sein, denn ihr bekommt viele Informationen.

Die Ermittlungsrunde dauert ca. 20 bis 30 Minuten. Ihr werdet selbst merken, wann sich die Fragen wiederholen und ihr zum Ende kommen könnt.

Zum Schluss schreibt jeder auf einen kleinen Zettel, wen er für den Täter hält. Diese Zettel werden vom Spielleiter eingesammelt und ausgewertet.

Der Spielleiter liest die Auflösung vor.

Hattet ihr Spaß? Ich freue mich, wenn ihr mir schreibt, wie euch dieser Krimi gefallen hat.

Hier meine E-Mailadresse: glashauskrimi@glashauskrimi.de

Häufig gestellte Fragen zur Durchführung

Warum sollen die Rollen erst nach dem Vorlesen der Geschichte verteilt werden?
Die Mitspieler sollen beim Vorlesen der Geschichte gut zuhören und durch nichts abgelenkt werden.

Dürfen die Mitspieler flunkern?
Der einzige, der Grund zum Flunkern hat, ist der Täter. Alle anderen sollen Sachverhalte, auf die sie angesprochen werden und die der Wahrheit entsprechen, auch einräumen und ehrlich antworten.

Ich habe nicht die passende Anzahl Mädchen und Jungs, was nun?
Das macht nichts. Die Mädchen können auch eine Jungen- oder Herrenrolle übernehmen. Umgekehrt gilt dies natürlich auch.

Ich habe mehr Gäste als Rollen. Was nun?
Ihr könnt mehrere Tische bilden. Falls es aber nur ein oder zwei Personen mehr sind, könnt ihr die Rolle des unabhängigen Beobachters dazu nehmen.

Müssen alle Gäste ungefähr gleich alt sein?
Nein. Ein Mitspielkrimi macht in jedem Alter Spaß. Eine gute Gelegenheit also, das nächste Familienfest einmal als Krimiparty zu gestalten.

Einige Rollen sind „Erwachsenen-Rollen". Dabei ist das Buch doch für Kinder gemacht. Warum ist das so?
Kindern macht es großen Spaß, in eine Erwachsenenrolle zu

schlüpfen. Außerdem werden „Verbrechen" in aller Regel ja auch von Erwachsenen begangen.

Habt ihr noch weitere Fragen?
Dann schreibt mir eine E-Mail an:
glashauskrimi@glashauskrimi.de

Ich versuche jede Frage zeitnah zu beantworten.

Hier zunächst das Quiz:

Wer kennt sich aus? Zu Beginn der Krimiparty startet ihr mit einem kurzen Quiz. Dabei gilt: Der Einsatz des Handys zur Lösung der Fragen ist streng untersagt. Für jede richtige Antwort bekommt ihr einen Punkt.

Frage 1:
Wie nennt man ein weibliches Pferd?

Antwort

Frage 2:
Wie nennt man ein männliches Pferd?

Antwort:

Frage 3:
Wie nennt man ein Fohlen nach seinem 1. Geburtstag?

Antwort:

Frage 4: Streiche einen Begriff aus:

Was kann bei Verzehr für ein Pferd gefährlich sein?
Gras-Heu-Möhren-Adlerfarn-Brot-Hafer-Gerste-Salzleckstein

Frage 5: Was sollte man beim Reiten unbedingt tragen?

Streiche die drei falschen Begriffe.
Fahrradhelm/ festes Schuhwerk, welches sich nicht im Steigbügel verhaken kann/ Reithelm/ Flip-Flops/ funktionelle Handschuhe/ Sporen
(für jede richtige Antwort bekommst du einen Punkt)

Frage 6: Es gibt viele verschiedene Pferdrassen. Welche der nachstehenden Arten ist keine Pferderasse? Araber, Hannoveraner, Havanese, Islandpony, Friese, Appalooser, Shetlandpony, American Quarter Horse	
Frage 7: Die Pflege der Hufe ist sehr wichtig. Mit welchem Werkzeug kann man die Hufe reinigen? Streiche die 2 falschen Begriffe: Hufkratzer, Hufkamm, Hufputzlappen	
Frage 8: Was ist keine Pferdesportart? Streiche den falschen Begriff: Polo / Golf/Vielseitigkeit/ Voltigieren	
Frage 9: Welcher Begriff hat nichts mit einem Pferd zu tun? Longieren/ Bodenarbeit/ Halfter/ Welpenaufzucht/ Westernsattel/ Dressur/ Steigbügel	
Frage 10: Welche Aussage ist richtig? a) Ein Pferd kann die meiste Zeit des Tages in seiner Box verbringen. b) Wer auch immer sich mit einem Pferd beschäftigt, übernimmt die Verantwortung für das ihm anvertraute Lebewesen.	
Gesamtpunktzahl	

Bist du ein echter Pferdekenner?
Die Auflösung und dein Ergebnis findest du am Ende des Buchs!

13

Die Kurzbeschreibung:

Hindernisse

Es spielen mit:
Sascha Weingärtner, 14 Jahre, Sohn von Erika
Julia Tranisch, 13 Jahre, Reitschülerin
Chris Halberstedt, 35 Jahre, Reitlehrer
Bea Selters, 13 Jahre, Reitschülern
Erika Weingärtner, 36 Jahre, Besitzerin des Pferdehofes
Wulf Herrmann 30 Jahre, Pferdetrainer

Weitere Rollen, die nur bei Bedarf besetzt werden:
Matze Müller, 15 Jahre, Aushilfe/Pferdepfleger
Unabhängiger Beobachter

Und darum geht es in diesem Fall:

Auf dem Pferdehof Weingärtner findet wie in jedem Jahr ein viel beachtetes Springturnier statt.

Bea und Julia, zwei begabte und ehrgeizige Schülerinnen von Reitlehrer Chris, wetteifern um den Start auf Cheyenne, einer sehr talentierten Hannoveraner Stute.

Einige Tage vor dem Turnier wird das wertvolle Tier jedoch entführt. Wer hat Interesse daran, das Pferd zu stehlen und vor allem warum?

Ich bin sicher, dass ihr mit eurem Ermittler-Team
zur Aufklärung beitragen werdet.

Das ist passiert – die Geschichte zum Vorlesen!

Auf dem Pferdehof Weingärtner herrscht große Geschäftigkeit. Am nächsten Wochenende wird hier zum 10. Mal in Folge ein großes Jugend-Springreitturnier ausgetragen. Junge Reiter bis 16 Jahre treten an, um mit ihren Pferden den begehrten "Jugend-Spring-Cup Hof Weingärtner" zu gewinnen. 7 Hindernisse in Höhen von 100 - 110 cm haben der Pferdetrainer des Hofes Wulf Herrmann und seine Helfer in den letzten Tagen auf dem großen Reitplatz vor den Pferdeställen aufgebaut. Gewinnen wird der Reiter oder die Reiterin mit der geringsten Fehlerzahl. Sollte Gleichheit herrschen, entscheidet die kürzeste Zeit und gibt es dann immer noch keinen Sieger, wird es ein Stechen über einen verkürzten Stechparcours geben.

Wie in den vergangenen Jahren auch sind wieder sehr viele Anmeldungen eingegangen. Erika Weingärtner, die Besitzerin des Hofes, hat alle Hände voll zu tun und weiß kaum noch, wo ihr der Kopf steht. Ihr Sohn Sascha hat zurzeit 6 Wochen Internatsferien und verbringt diese auf dem Hof seiner Mutter. Er packt mit an, wo er kann und auch Chris Halberstedt – der Reitlehrer des Hofes, Wulf – der Pferdetrainer und der Tierpfleger Matze Müller können sich vor Arbeit kaum retten. Es gibt unendlich viele Dinge zu organisieren und vorzubereiten, damit am Turniertag alles reibungslos abläuft.

Aus dem eigenen Stall wird Cheyenne – eine noch junge, rotbraune Hannoveraner Stute mit weißer Blesse auf dem Nasenrücken – an dem Turnier teilnehmen. Cheyenne ist ein großes Talent und wurde seit Monaten intensiv von Wulf auf ihr erstes Turnier vorbereitet.

Leider konnten sich Chris und Wulf bisher aber nicht einigen, wer die temperamentvolle Stute an diesem Tag reiten soll. Es kommen gleich 2 sehr begabte Reiterinnen aus Chris´ Reitschule in Frage. Die eine ist die 13-jährige Bea Selters.

Bea arbeitet sehr hart an ihrem Erfolg und verfügt bereits über Turniererfahrung. Aufgrund dieser Erfahrung hat sich Pferdetrainer Wulf klar für diese Reiterin entschieden. Er möchte, dass Cheyenne bei ihrem ersten Start gut und sicher über den Parcours geführt wird. Er ist der Meinung, dass Bea dafür die beste Wahl ist.

Die Entscheidung ist ihm nicht leichtgefallen, denn die andere Kandidatin ist ausgerechnet seine Nichte, die 13-jährige Julia Tranisch. Auch sie ist begabt und hat zu Cheyenne ein sehr gutes Verhältnis. Das Turnier am Sonntag wäre allerdings ihr erster Auftritt vor großem Publikum.

Während Wulf gegen einen Start von Julia ist, vertritt der Reitlehrer Chris Halberstedt die Meinung, dass Julia Sonntag reiten sollte. Denn diese Reiterin und Cheyenne sind in seinen Augen ein perfekt harmonisierendes Duo. Außerdem, so sein Argument, müsse Julia endlich auch einmal die Chance bekommen, bei einem Turnier zu starten und ihr Können zu beweisen.

Beide Argumente sind nachvollziehbar und die Entscheidung ist für alle Beteiligten sicher nicht leicht.

Bis vor zwei Jahren wäre die Frage nach dem geeigneten Reiter vermutlich gar nicht aufgekommen. Sascha, Erikas Sohn, war damals der beste Reiter weit und breit. Seit einem schweren Reitunfall aber hat er, sehr zum Kummer seiner Mutter, nicht mehr im Sattel gesessen. Seine physischen, also körperlichen Verletzungen sind längst verheilt. Es ist eine reine Kopfsache, wie sein Arzt immer sagt. Alle hoffen, dass Sascha sich eines Tages doch überwindet und wieder auf den Pferderücken zurückkehrt.

Natürlich wissen Julia und Bea, dass sie für die Turnierbesetzung harte Konkurrentinnen sind. Daher ist das Verhältnis zwischen den begabten Reiterinnen zurzeit etwas angespannt. Sascha geht die Zankerei zwischen den beiden Mädels schon seit ein paar Tagen ziemlich auf die Nerven. Er

nimmt sich vor, zwischen Julia und Bea zu vermitteln.
„Das ist ja nicht auszuhalten mit Bea und Julia", erklärt er seiner Mutter eines Abends beim Abendessen. „Ich sehe mal, was ich da machen kann. Vermutlich muss man nur mal ein ernstes und vernünftiges Wort mit den beiden sprechen!"
Erika ist froh, dass Sascha sich der Sache annimmt, allerdings glaubt sie nicht, dass es ihm gelingen wird, zwischen den Rivalinnen zu vermitteln.
Ein paar Tage nach dem Gespräch mit ihrem Sohn muss sie aber einräumen, dass er wirklich Erfolge als Vermittler nachweisen kann. Es geschieht nun beinahe täglich, dass Julia und Bea nach dem Sprungtraining auf der Anlage gemeinsam mit Cheyenne ausreiten.
Mal sitzt Bea oben auf und Julia führt das Pferd am Halfter, wenn sie den Hof verlassen, mal ist es umgekehrt.
Sascha radelt stets fröhlich pfeifend mit dem Fahrrad hinterher.

Diese Entwicklung ist großartig! Trotzdem wird es Zeit, eine Entscheidung zu treffen, damit die Mädchen wissen, woran sie sind.
Da Wulf und Chris bis 1 Woche vor dem Turnier noch keine gemeinsame Kandidatin benennen können, verkündet Erika, dass sie nun selbst kurzfristig die Entscheidung treffen wird, wer Sonntag reitet. Schließlich ist Cheyenne ein Pferd aus ihrem Stall und wenn sich die beiden Experten nicht auf eine Reiterin einigen können, muss sie selbst eingreifen.
Sie beobachtet beide Mädchen einige Male intensiv beim Training auf Cheyenne.
Am Freitag, 2 Tage vor dem Turnier, lädt sie alle Beteiligten für den Abend zum Essen ein. Bei dieser Gelegenheit will sie bekanntgeben, wer am Sonntag mit Cheyenne auf den Parcours gehen darf.

Sascha, Julia, Bea, Chris Halberstedt und Wulf Herrmann treffen pünktlich am Freitagabend ein und setzen sich an den großen Esstisch von Erika. Wulf Herrmann ist stark erkältet und Erika kann sich des Eindrucks nicht erwehren, dass der Pferdetrainer besser im Bett aufgehoben wäre, als bei ihr im Wohnzimmer. Er hustet und prustet unentwegt in ein großes kariertes Taschentuch. Kein Wunder, dass Wulf sich erkältet hat; seit einigen Tagen herrscht furchtbares Wetter und es regnet in Strömen.

Erika hat trotz all der Arbeit auf dem Hof ein tolles Spaghetti-Gericht gekocht und alle, mit Ausnahme des kranken Wulf, essen mit großem Appetit.

„Wer wird denn nun Sonntag auf Cheyenne reiten?", fragt Sascha, als endlich der Nachtisch hereingetragen wird. „Die Entscheidung müsste doch längst gefallen sein, oder?"

Julia und Bea blicken gespannt zu Frau Weingärtner.

„Die Entscheidung ist mir nicht leichtgefallen", erklärt Saschas Mutter und verteilt die Puddingschüsseln. „Ich will es kurz machen. Bea wird auf Cheyenne an den Start gehen. Rein technisch steht ihr beide euch in nichts nach. Ich glaube aber, dass Wulf recht hat und dass Bea aufgrund ihrer Erfahrung bessere Nerven an den Tag legen wird. Es tut mir sehr leid, Julia. Ich hoffe, du verstehst dies nicht als Kritik an deiner Arbeit, die ganz hervorragend ist! Ich denke nur, du brauchst noch etwas Zeit für das erste Turnier!"

Die Mädchen nehmen die Entscheidung erstaunlich gelassen auf. Bea bedankt sich sehr artig für das Vertrauen und Julia sieht etwas traurig aus. Das große, befürchtete Drama aber bleibt aus.

Frau Weingärtner ist angenehm überrascht. Das hatte sie sich wirklich schlimmer vorgestellt. Sascha scheint als Vermittler wirklich brillant zu sein.

Chris Halberstedt aber ist leicht verärgert. Schließlich hatte er Julia favorisiert. „Ich halte diese Entscheidung nicht für richtig", erklärt er und verlässt nach einem flüchtigen „Gute Nacht allerseits" das Wohnzimmer.

„Na toll", erklärt Sascha fröhlich, „1 Person weniger, mehr Nachtisch für uns!"

Er macht sich sogleich über den leckeren Pudding her.

Wulf Herrmann ist zufrieden mit der Entscheidung. Vor allem aber ist er froh, dass er nicht selbst gegen Julia entscheiden musste. Schließlich ist sie Tochter seiner Schwester. Doch auch wenn alle sehr vernünftig sind und seine Gründe sicher nachvollziehen könnten – irgendwie hätte es den Familienfrieden doch belastet, wenn ausgerechnet der Onkel gegen die Nichte stimmt.

Es ist sehr spät, als an diesem Abend endlich alle im Bett liegen. Frau Weingärtner ist froh, dass die Entscheidung nun heraus ist. Jetzt wissen alle, woran sie sind und Bea kann den nächsten Tag noch einmal ausgiebig auf Cheyenne trainieren. Es bleibt nur noch zu hoffen, dass das Wetter besser wird und der Turnierplatz am Sonntag nicht komplett unter Wasser steht.

Am nächsten Morgen geht Pferdetrainer Wulf wie immer bereits um 06:00 Uhr rüber in den Stall, um eine erste Runde zu machen und um nachzusehen, ob es seinen Schützlingen gut geht. Er hat seine Wohnung gleich nebenan, um im Notfall immer sofort zur Stelle zu sein.
Wulf wird von Matze begleitet, der auch ein Frühaufsteher ist und soeben mit seinem Rad auf den Hof geradelt kam.
Matze merkt sofort, dass die Stalltüre nicht verriegelt ist.
„Komisch, da ist ja schon einer vor uns auf den Beinen", wundert er sich.
Die beiden betreten zusammen den Stall und Wulf geht die Boxen ab. Vor der Box von Cheyenne bleibt er abrupt stehen. Die Tür des Stalles steht offen und Cheyenne ist nicht darin. Auch Cheyennes Halfter, das immer griffbereit vor der Box hängt, ist weg.
„Das gibt's doch nicht! Die Bea wird doch wohl nicht schon auf dem Platz sein! Der ist doch total aufgeweicht vom Regen!", ruft er Matze zu.
Wulf dreht sich auf dem Absatz um und rennt aus dem Stall,

rüber zum Turnierplatz!
Dieser liegt jedoch verlassen und ruhig im aufsteigenden Morgennebel. Weit und breit ist niemand zu sehen.

Eine halbe Stunde später steht fest, dass Cheyenne spurlos verschwunden ist. Sie wurde in der Nacht aus ihrem Stall entführt. Frau Weingärtner möchte sofort die Polizei rufen. Aber Wulf ist strikt dagegen. Er meint, man solle zunächst versuchen, den Fall selbst aufzuklären. Auf eine Zeitungsmeldung, dass auf dem Weingärtner Hof ein Pferd entwendet wurde, möchte er gerne verzichten. Es stehen einige wertvolle Tiere hier im Training und Wulf möchte die Besitzer nicht beunruhigen. Er fürchtet, dass der eine oder andere Besitzer in der Konsequenz wohlmöglich sein Pferd abholen und woanders unterbringen könnte.

Frau Weingärtner kann sich diesem Argument nicht entziehen und lässt sich überreden, zunächst auf die Polizei zu verzichten. Sie trommelt aber alle Personen zusammen, die auf dem Hof übernachtet haben und die daher vielleicht etwas beobachten konnten. Außerdem bittet sie noch Julia und Bea dazu. Irgendwas sagt ihr, dass der Entführer aus ihrem engsten Umfeld stammt.

Versucht gemeinsam herauszufinden, wer Cheyenne entführt hat. Einer von euch ist der Täter! Doch wer hatte das stärkste Motiv und die Gelegenheit?

Wie es nun weitergeht:
Ihr erhaltet jetzt eure Rollen zu diesem Kriminalfall. Diese Rollen bestehen aus einen Vorstellungstext und Hinweisen. Lest euren Text gut und gründlich durch.

Eure Vorstellungstexte lest ihr danach der Reihe nach laut vor. Durch diese Vorstellungstexte wird die Geschichte ergänzt und ihr erfahrt noch einige wichtige Dinge über den einen oder anderen Mitspieler.

Der geheime Text mit den Hinweisen ist nur für euch bestimmt. Zeigt ihn bitte nicht herum.
Nach der Vorstellungsrunde könnt ihr mit den gegenseitigen Befragungen loslegen. Damit es zu Beginn etwas leichter für euch ist, haben wir jeder Rolle einige Fragen angefügt. Bestimmt fallen euch noch weitere Fragen ein, um den Täter zu entlarven.

Flunkern darf nur der Täter oder die Täterin.
Alle anderen sollten sich nahe an der Wahrheit orientieren.
Viel Spaß bei den Ermittlungen.

1. Erika Weingärtner, Besitzerin des Hofes

Vorstellungstext:

Mein Name ist Erika Weingärtner. Ich betreibe den Pferdehof so gut wie alleine, da mein Mann seit Jahren als Ingenieur in den USA arbeitet und nur ab und zu nach Hause kommt.

Dass Cheyenne verschwunden ist, ist eine große Katastrophe. Denn sie muss am Sonntag unbedingt an den Start gehen. Sie ist zwar gut versichert, aber den wirklichen Wert von Cheyenne kann man kaum taxieren. Sie steht ja noch ganz am Anfang ihrer Laufbahn als Springpferd.

Am Sonntag kommen viele wichtige Leute und das Turnier ist eine große Werbung für unseren Stall und auch für Wulf, unseren hervorragenden Pferdetrainer.

Wir haben Cheyenne schon als ganz junges Fohlen gekauft und Wulf hat gleich ihr Talent entdeckt.

Heute Nacht habe ich nicht besonders gut geschlafen. Gegen 04:00 Uhr hat im Hof jemand gehustet. Ich dachte, es sei Wulf, der nach den Pferden sieht. Daher habe ich nicht nachgesehen. Jetzt ärgert mich das, denn vielleicht war das der Pferdedieb.

Ich habe draußen schon nach Spuren gesucht, aber durch den Dauerregen lässt sich wirklich überhaupt keine Spur ausmachen. Alles ist matschig.

Das einzige, was ich gefunden habe, ist eine Rolle Klebeband in Cheyennes Box. Was hat das bloß zu bedeuten?

Wenn jemand von euch etwas beobachtet hat, sollte er es jetzt sagen. Denn wenn wir den Sachverhalt nicht hier und jetzt aufklären, muss ich die Polizei verständigen.

Hinweise Erika Weingärtner

Dein Mann lebt und arbeitet seit Jahren in Texas/USA. Eigentlich sollte dies nur für eine kurze Zeit so sein. Nun hat sich aber herausgestellt, dass er noch viele Jahre in den Staaten bleiben wird. Du hast daher mit deinem Mann beschlossen, dass du mit Sascha nun auch in die Staaten umsiedeln wirst. Denn Sascha vermisst seinen Vater sehr und die Trennung tut der Familie nicht gut.

Aus diesem Grund wirst du den Pferdehof an Wulf Herrmann verpachten. Wulf ist der richtige Mann dafür und er ist einverstanden.

Sascha weiß bisher nichts von diesen Plänen und Cheyenne ist eigentlich sein Pferd. Er hat die Stute als Fohlen von deinem Mann geschenkt bekommen. Da Sascha aber nicht mehr reitet, habt ihr beschlossen, Cheyenne zu verkaufen. Ihr könnt das Geld gut für die Umsiedlung in die Staaten gebrauchen.

Du hast auch bereits einen Käufer gefunden; dieser heißt Dr. Magnus Müller. Dr. Müller hat sich vor einiger Zeit telefonisch bei dir gemeldet. Er ist der Onkel von eurem Stallhelfer Matze Müller. Matze hat ihm von Cheyenne erzählt und Dr. Müller hat daraufhin 15.000,00 Euro geboten. Diesem Angebot konntest du nicht widerstehen.

Bisher kennst du Dr. Müller nur telefonisch; persönlich wolltet ihr euch am Sonntag bei dem Turnier treffen. Du bist daher sehr daran interessiert, dass Cheyenne bis Sonntag wieder auftaucht und hoffentlich unversehrt starten kann. Versichert ist das Pferd bei Verlust nur mit 2.500,00 Euro.

Chris, der Reitlehrer, möchte gerne mehr Geld verdienen. Du weißt, dass er für seine Leistung unterbezahlt ist. Leider kannst du aber keinesfalls mehr bezahlen; dies hast du ihm auch gesagt. Du befürchtest, dass er sich nach einer anderen Stelle umsehen wird. Vor kurzem hat er dich nach dem Wert von Cheyenne gefragt. Du hast ihm gesagt, unter 15.000,00 Euro würde sie keinesfalls verkauft.

Wulf ist strikt gegen einen Verkauf von Cheyenne. Er möchte den Hof natürlich gerne mit Cheyenne übernehmen. Du hast ihm aber gesagt, dass du auf jeden Fall verkaufen wirst, weil du das Geld für die Umsiedlung sehr gut gebrauchen kannst und weil Sascha nicht mehr reiten wird. Du hast heute Nacht jemanden husten hören im Hof, aber du hast kein Pferd über die Pflastersteine laufen hören. Das ist seltsam, denn die Pferde sind alle beschlagen und normalerweise hört man jeden Tritt der Tiere. Was kann die Ursache für das lautlose Verschwinden von Cheyenne sein?

Mögliche Fragen:
- War Wulf heute um 04:00 Uhr im Hof?
- Was bedeutet das Klebeband in Cheyennes Box? Wozu wurde es benötigt? Was kann man mit Klebeband in einer Pferdebox machen? Versucht diese Frage gemeinsam zu klären.
- Julia hat so unerwartet vernünftig reagiert, als du deine Entscheidung, wer das Turnier mit Cheyenne reiten wird, bekannt gegeben hast. Macht es ihr wirklich nichts aus?
- Warum hat Chris dich nach dem Preis für Cheyenne gefragt? Will er sie kaufen?

Weitere Fragen werden dir sicher noch während der Ermittlungen einfallen.

Zum Schluss der Ermittlungen schreibt jeder der Mitspieler auf, wen er für den Täter hält. Anschließend werden die Zettel vorgelesen und zum Abschluss wird die Auflösung des Falles vorgetragen.

2. Sascha Weingärtner:
14 Jahre, Internatsschüler und Sohn von
Erika Weingärtner, der Besitzerin

Vorstellungstext

Ich heiße Sascha Weingärtner und bin 14 Jahre alt. Cheyenne ist mein Pferd. Ich habe sie als Fohlen von meinem Vater geschenkt bekommen. Leider kann ich aber nicht mehr reiten. Vor 2 Jahren hatte ich einen schweren Unfall. Cheyenne und ich sind damals ausgeritten. Sie hat vor einem viel zu schnell fahrenden Wagen gescheut und mich abgeworfen. Ich habe mir beide Arme und ein Bein gebrochen und lag einige Wochen im Krankenhaus. Vorher war ich ein sehr guter Reiter. Aber das ist vorbei.
Ich habe mich eben noch einmal gründlich auf dem Hof und im Stall umgesehen und ein kariertes Taschentuch gefunden. Es lag gleich neben der Stalltüre. Natürlich kann ich nicht sagen, ob das Taschentuch dem Entführer gehört. Aber gestern Abend lag es noch nicht da. Das wäre mir aufgefallen.
Es ist mir auch wirklich rätselhaft, warum niemand das Hufgeklapper gehört hat, als Cheyenne aus dem Stall gebracht wurde. Der Hof ist gepflastert und normalerweise hört man sofort, wenn die beschlagenen Pferde darüber laufen. Ich schlafe leider hinten raus. Aber meine Mutter oder Wulf müssten doch normalerweise etwas gehört haben.
Außerdem habe ich noch was beobachtet: Julia hatte einen Streit mit Chris. Wieso streiten die beiden sich? Chris war doch immer dafür, dass Julia auf Cheyenne reitet.

Hinweise Sascha Weingärtner

Dein Vater arbeitet und lebt leider in den USA und du vermisst ihn sehr. Er kommt immer nur in den Ferien nach Hause. Du hast ihn schon mehrfach mit deiner Mutter gemeinsam in den Staaten besucht. Er lebt in Texas und dort gibt es viele Ranchen mit Pferden. Ein Leben in den USA kannst du dir auch sehr gut vorstellen, aber deine Mutter wird den Hof vermutlich niemals aufgeben.

Seit du im Internat bist, nimmst du heimlich wieder Reitstunden. Du hast die Angst überwunden und fühlst dich im Sattel wieder fit. Daher wolltest du am Sonntag mit Cheyenne an den Start gehen und deine Mutter überraschen.

Bea und auch Julia sind in diesen Plan eingeweiht und haben mitgespielt. Aus diesem Grunde haben die zwei auch so gelassen reagiert, als deine Mutter die Entscheidung bekannt gegeben hat.

Der Hof von Julias Eltern ist mit dem Pferd nur eine ¼ Stunde von eurem Hof entfernt. Dort habt ihr einen Parcours aufgebaut und du konntest heimlich trainieren.

Mögliche Fragen:
- Worum ging es bei dem Streit von Julia und Chris?
- Wem kann das karierte Taschentuch gehören, welches du am Stall gefunden hast?
- Wer hat die Möglichkeit, in der Nähe ein Pferd unterzustellen? Da es keine Wagenspuren gibt, ist Cheyenne vermutlich zu Fuß weggebracht worden.

Weitere Fragen werden dir sicher noch während der Ermittlungen einfallen.

Zum Schluss der Ermittlungen schreibt jeder der Mitspieler auf, wen er für den Täter hält. Anschließend werden die Zettel vorgelesen und zum Abschluss wird die Auflösung des Falles vorgetragen.

3. Julia Tranisch: 13, Reitschülerin

Vorstellungstext

Ich bin Julia und reite seit vielen Jahren. Ich wohne auf einem Bauernhof, ganz hier in der Nähe. Zu Cheyenne habe ich den totalen Draht. Sie ist ein super Pferd. Ich war natürlich sauer auf Onkel Wulf, weil er dafür ist, dass Bea am Sonntag auf ihr reitet. Aber so richtig böse war ich ihm nicht. Was mir aber aufgefallen ist: Mein Onkel Wulf hat irgendeinen Stress mit so einem komischen Typen, der hier letzte Woche aufgetaucht ist. Der hatte einen großen Wagen mit einem Pferdeanhänger dabei und stand auf dem Hof, als ich mit Cheyenne von einem Ausritt kam. Die beiden haben wild gestritten und schließlich ist der Typ mit seinem Pferdeanhänger wieder abgefahren. Später habe ich Onkel Wulf gefragt, wer das war, aber er hat gesagt, es wäre nichts Wichtiges. Mit solchen Sätzen werden wir Jugendlichen ja gerne abgespeist.

Zu heute Nacht kann ich nicht viel sagen, ich habe ja nicht hier geschlafen. Meine Mutter hat mich in aller Frühe geweckt, weil Sascha angerufen hat und mir ausrichten ließ, dass ich rasch zum Hof rüberkommen soll. Ich musste mit dem Fahrrad herkommen, weil meine Mutter schon ganz früh mit dem Tiertransporter ins Sauerland gefahren ist. Sie muss wohl eine Kuh abholen oder sowas. Naja, jedenfalls bin ich jetzt hier, aber viel dazu sagen kann ich nicht.

Hinweise Julia Tranisch

Du hast die Entscheidung von Frau Weingärtner so gelassen aufgenommen, weil du schon länger wusstest, dass du das Turnier nicht reiten würdest. Begründung: Sascha hat heimlich im Internat Reitstunden genommen und er sitzt wieder gut und fest im Sattel. Daher wollte er am Sonntag an den Start gehen. Es sollte eine Überraschung für seine Mutter werden. Immer, wenn ihr in den letzten Tagen zu dritt den Hof mit Cheyenne verlassen habt, seid ihr zu dir auf den Hof gegangen, damit Sascha dort auf Cheyenne trainieren kann. Ihr habt dort einen Parcours aufgebaut.

Du hattest mit Chris, dem Reitlehrer, einen Streit. Chris wird den Hof verlassen; er hat einen neuen Job angenommen. Er wollte gerne, dass du mit zu diesem Stall wechselst und künftig dort Reitunterricht bei ihm nimmst. Du willst aber keinesfalls den Weingärtner-Hof verlassen und vor allem möchtest du weiter auf Cheyenne reiten.

Chris hat gesagt, Cheyenne würde dir auch dann erhalten bleiben, auch wenn du wechselst. Wie hat er das gemeint?

Mögliche Fragen:
- Was hat Chris gemeint, als er gesagt hat, Cheyenne würde dir auf jeden Fall erhalten bleiben?
- Was wollte der Typ mit dem Pferdeanhänger von Wulf?
- Ist das Pferd versichert und wenn ja, wie hoch?

Weitere Fragen werden dir sicher noch während der Ermittlungen einfallen.

Zum Schluss der Ermittlungen schreibt jeder der Mitspieler auf, wen er für den Täter hält. Anschließend werden die Zettel vorgelesen und zum Abschluss wird die Auflösung des Falles vorgetragen.

4. Bea Selters: 13 Jahre, Reitschülerin

Vorstellungstext

Ich bin Bea Selters und soll am Sonntag auf Cheyenne reiten. Das find ich echt super. Chris macht ja auch sehr guten Unterricht, ich hab viel bei ihm gelernt. Es gibt allerdings auf dem Hof Gerüchte, dass Chris den Hof verlassen wird. Das würde mir echt leidtun. Ich frage mich natürlich, wer einen Grund gehabt hat, Cheyenne zu entführen. Vielleicht hat es etwas mit dem komischen Anruf von gestern zu tun. Ich hatte das ganz vergessen. Sorry, Frau Weingärtner. Das war nämlich so: Es waren alle draußen im Hof, als in der Küche das Telefon ging. Ich war gerade dort, weil ich ein paar Möhren und Äpfel für die Pferde holen sollte und bin rangegangen. Es war ein Dr. Müller am Apparat. Er wollte Frau Weingärtner sprechen, aber die war nicht in Sichtweite. Ich sollte ausrichten, dass er am Sonntag pünktlich da sein wird und er das Pferd dann gerne noch am Abend mitnehmen will. Er meinte, er käme mit Hänger und es solle alles vorbereitet werden. Ich hab noch gefragt, welches Pferd er meint, aber da hatte er schon wieder aufgelegt. Jetzt kommt mir das wirklich etwas seltsam vor. Bitte entschuldigen Sie, dass ich den Anruf gar nicht ausgerichtet habe; ich habe es tatsächlich in all dem Trubel um das Turnier vergessen.

Hinweise Bea Selters

Sascha vermisst seinen Vater, der ja in den USA im Bundesstaat Texas arbeitet, sehr. Dort in Texas gibt es viele Ranches und manchmal besuchen Frau Weingärtner und Sascha ihn dort. Sascha hat heimlich im letzten Jahr im Internat Reitstunden genommen und sitzt wieder gut und fest im Sattel. Daher habt ihr drei – also Julia, Sascha und du – ausgemacht, dass Sascha am Sonntag das Turnier reitet und seine Mutter damit überrascht. Trainiert hat Sascha mit Cheyenne bei Julias Eltern auf dem Bauernhof. Der liegt ganz in der Nähe. Ihr habt dort einen Parcours aufgebaut.

Du fragst dich, ob Chris etwas mit dem Diebstahl zu tun hat. Er benimmt sich sehr merkwürdig. Kürzlich hat er während des Reitunterrichts per Handy mit einer Bank telefoniert. Er war danach ziemlich niedergeschlagen. Fest steht wohl, dass er den Hof verlassen will, um einen anderen Job anzunehmen. Als Reitlehrer hat er ein Auge für gute Pferde. Vielleicht hat er Cheyenne gestohlen, um sie zu verkaufen? Papiere für Pferde kann man vermutlich fälschen.

Mögliche Fragen:
- Wer ist Dr. Müller? Kennt ihn jemand?
- Welches Pferd wollte Dr. Müller kaufen?
- Warum hat Chris mit der Bank telefoniert und warum war er nach dem Gespräch so niedergeschlagen?

Weitere Fragen werden dir sicher noch während der Ermittlungen einfallen.

Zum Schluss der Ermittlungen schreibt jeder der Mitspieler auf, wen er für den Täter hält. Anschließend werden die Zettel vorgelesen und zum Abschluss wird die Auflösung des Falles vorgetragen.

5. Wulf Herrmann, Pferdetrainer

Vorstellungstext

Ich heiße Wulf Herrmann und bin seit vielen Jahren auf dem Weingärtner-Hof als Pferdetrainer angestellt. Wir haben schon einige gute Pferde hervorgebracht, aber ein Ausnahmepferd wie Cheyenne war noch nicht dabei. Ich war gestern Abend noch einmal spät im Stall; das war so gegen 22:00 Uhr. Da waren alle Pferde in der Box, wo sie auch hingehören. Ich habe die Stalltüre auch gut verriegelt, soviel steht fest. Cheyenne kann also auf keinen Fall weggelaufen sein. Wegen meiner blöden Erkältung habe ich dann dieses Zeug für die Nacht genommen, damit man durchschläft und die Kopfschmerzen und das Fieber weggehen. Daher habe ich tatsächlich durchgeschlafen, von ungefähr 22:30 Uhr bis 05:00 Uhr heute Morgen. Cheyenne hat eine glänzende Zukunft vor sich. Ich bin sicher, sie hätte Sonntag gewonnen. Ihre richtig guten Zeiten lagen aber noch vor ihr. Das bringt im Laufe der Zeit auch gutes Zeugnis für den Trainer, in diesem Fall mich. Ein guter Ruf ist in der Branche wirklich wichtig. Die Entscheidung, dass Bea am Sonntag reiten soll, war übrigens nach meinem Ermessen richtig, auch wenn Chris anderer Meinung ist. Für so ein Turnier braucht man Erfahrung.

Hinweise Wulf Herrmann

Du, lieber Wulf, bist heute Abend unser Täter.
Hier sind die Gründe:
Erika Weingärtner möchte mit Sascha in die USA umsiedeln. Ihr Mann lebt dort in Texas und wird wohl auf Dauer dort bleiben. Daher hat sie dir den Pferdehof vor kurzer Zeit zur Pacht angeboten; du warst sofort damit einverstanden. Cheyenne ist ein Ausnahmepferd, aber Frau Weingärtner möchte das Pferd am Sonntag nach dem Turnier verkaufen. Sie benötigt Geld für die Umsiedlung nach Texas und hat ein Kauf-Angebot von Dr. Müller vorliegen. Dr. Müller ist der Onkel von eurem Aushilfs- Pferdepfleger Matze Müller. Dieser hat seinem Onkel von der vielversprechenden Stute erzählt.
Du hast Frau Weingärtner sehr gebeten, nicht zu verkaufen. Aber sie war fest entschlossen. Es ist wirklich zum Verzweifeln, denn so ein Pferd wirst du vielleicht nie wieder ins Training bekommen. Also musstest du etwas unternehmen.
Du hast in der Nacht kein Schlafmittel genommen, sondern gewartet, bis alles dunkel war und alle feste schlafen. Dann bist du rüber zum Stall und hast Cheyenne kleine Jutesäcke über die Hufe gezogen und diese mit Klebeband befestigt, damit das Hufklappern im Hof nicht gehört wird. Du hast sie gesattelt und bist rüber zum Hof von Julias Eltern geritten. Dort hast du das Pferd über Nacht im Kuhstall untergestellt. Julias Mutter ist deine Schwester. Du hast sie eingeweiht. Und auch wenn sie Bedenken hatte, wollte sie dir helfen. Sie hat Cheyenne heute Morgen im Hänger zu Freunden auf einen Bauernhof gebracht. Du willst Cheyenne nicht stehlen. Du willst nur verhindern, dass sie Sonntag startet und dann voreilig verkauft wird. Am Montag spätestens willst du Frau Weingärtner alles sagen und Cheyenne wieder zurückbringen.

Zu dem Streit im Pferdehof, den Julia beobachtet hat:
Du hast dich mit einem Pferdebesitzer gestritten, der sein Pferd hier im Stall zum Training stehen habt. Er wollte sein Pferd

abholen. Da er aber die Jahresrechnung noch nicht ausgeglichen hat, hast du die Herausgabe verweigert. Da Frau Weingärtner immer so viel um die Ohren hat, hast du ihr nichts davon gesagt. *Bitte lege kein Geständnis ab.* Die Aufklärung erfolgt erst, nachdem alle Mitspieler ihren Tipp abgegeben haben, also am Ende der Ermittlungsrunde. Lass dir nichts anmerken und ermittele einfach mit.

Mögliche Fragen, die du heute stellen kannst:
- Wusste Sascha, dass seine Mutter Cheyenne verkaufen wollte? Die Stute gehört ihm; er hat sie von seinem Vater geschenkt bekommen, als sie noch ein Fohlen war.
- Bea hat sich am Freitagabend gar nicht richtig darüber gefreut, dass sie am Turniertag reiten darf. Was hat das zu bedeuten?
- Matze Müller hat dir berichtet, dass Chris als Reitlehrer einen neuen Job sucht. Warum will er den Hof verlassen? Und weiß Frau Weingärtner davon?

Weitere Fragen werden dir sicher noch während der Ermittlungen einfallen, mit denen du von dir ablenken kannst.

Zum Schluss der Ermittlungen schreibt jeder der Mitspieler auf, wen er für den Täter hält. Anschließend werden die Zettel vorgelesen und zum Abschluss wird die Auflösung des Falles vorgetragen.

6. Chris Halberstedt, Reitlehrer

Vorstellungstext

Ich bin Chris Halberstedt und seit einigen Jahren hier auf dem Hof Reitlehrer. Die Entscheidung, dass Bea auf Cheyenne ins Turnier gehen soll, halte ich, bei allem Respekt für Bea und ihre Erfahrungen, für falsch. Meine Reitschülerin Julia hat zu Cheyenne ein unglaublich gutes Verhältnis. Die beiden verstehen sich blind. Es ist natürlich ein Jammer, dass die Stute jetzt weg ist. Ich persönlich bin gestern schon früh schlafen gegangen. Mit dem Verschwinden des Pferdes habe ich nichts zu tun.

Was mir aufgefallen ist, wäre noch folgendes: Es fehlen seit gestern 4 von den kleineren Jutesäcken. Wir nutzen diese Säcke bei Reitstunden immer, um Belohnungen für die Pferde reinzupacken. Wir geben pro Sack 1/2 Möhre und 1/2 Apfel hinein. Ich weiß, dass nur noch 6 Jutesäcke da waren und ich neue bestellen wollte. Sie werden im Stall aufbewahrt. Heute sind nur noch 2 Säcke da. Kann mir jemand sagen, wo die anderen vier hingekommen sind?

Hinweise Chris Halberstedt

Du bist mit deinem Gehalt hier auf dem Hof unzufrieden. Leider kann Frau Weingärtner dir aber nicht mehr bezahlen. Du hast dich daher nach einem neuen Reiterhof als Arbeitgeber umgesehen. In einer der Nachbarstädte bist du fündig geworden. Du wirst den neuen Job in einem Monat antreten. Dem neuen Chef hast du versprochen, einige Schüler und Schülerinnen mitzubringen, die du jetzt noch auf dem Weingärtner-Hof trainierst.

Viele der Reitschüler lieben die Stute Cheyenne. Du wirst diese Mädchen und Jungen vermutlich nur dann zum Stallwechsel überreden können, wenn du Cheyenne mitbringst. Du hast daher darüber nachgedacht, die Stute zu kaufen. Frau Weingärtner hat dir vor kurzem gesagt, unter 15.000,00 Euro würde sie das Pferd nicht abgeben. Du hast daher versucht, das Geld bei deiner Bank per Kredit zu erhalten. Leider hat die Bank dies aber abgelehnt. Du wirst den neuen Job ohne Cheyenne antreten müssen. Da du ein sehr guter Reitlehrer mit viel Erfahrung bist, kannst du aber ganz zuversichtlich sein.

Am Freitag hast du versucht, Julia zu überreden, mit dir zusammen den Reitstall zu wechseln. Du hast ihr versichert, dass sie auch weiter auf Cheyenne reiten kann. Das hat sie dir nicht geglaubt und ihr habt euch gestritten.

Noch etwas könnte wichtig sein:
Sascha, der angeblich nie wieder auf einem Pferd sitzen möchte, ist vor einigen Tagen auf Cheyenne durch den Wald geritten. Das hast du ganz deutlich gesehen, als du mit einem Wagen an einem Bahnübergang warten musstest. Julia und Bea sind fröhlich quatschend hinterhergegangen. Was bedeutet das?

Mögliche Fragen:
- Wozu kann man die verschwunden vier kleinen Jutesäcke gebrauchen? Überlegt gemeinsam.

- Warum reitet Sascha heimlich?
- Warum wurde die Polizei nicht benachrichtigt? Das würde doch bei einem so wertvollen Pferd auf der Hand liegen, oder?

Weitere Fragen werden dir sicher noch während der Ermittlungen einfallen.

Zum Schluss der Ermittlungen schreibt jeder der Mitspieler auf, wen er für den Täter hält. Anschließend werden die Zettel vorgelesen und zum Abschluss wird die Auflösung des Falles vorgetragen.

7. Matze Müller

Vorstellungstext

Ich heiße Matze Müller, bin 15 Jahre alt und jobbe nach der Schule und in den Ferien als Helfer hier auf dem Hof. Man verdient zwar nicht viel, aber zumindest bin ich mit Pferden zusammen. Ich liebe Pferde ganz einfach. Später möchte ich Pferdewirt werden. Da verdient man zwar kein Vermögen, aber das macht mir nichts. Ich war dabei, als Wulf den Diebstahl bemerkte. Das war echt ein Schock für uns alle. Hoffentlich taucht Cheyenne unbeschadet wieder auf. Pferde sind ja echt empfindliche und sensible Wesen.

Hinweise Matze Müller

Dein Onkel heißt Dr. Magnus Müller. Er ist recht wohlhabend und investiert auch immer wieder in vielversprechende Renn- und Springpferde. Du hast ihm vor einiger Zeit von Cheyenne und ihrem Talent erzählt. Er war sehr interessiert an dem Pferd.

Du hast dich ein bisschen mit Sascha angefreundet. Er ist zwar nur selten hier, da er im Internat lebt, aber wenn er hier ist, redet ihr öfter miteinander. Er hat dir erzählt, dass er gerne in Texas bei seinem Vater leben würde. Dort gibt es große Farmen und viele Pferde.

Schade, dass er gar nicht mehr reitet. Du hast gehört, dass er früher als großes Talent galt.

Deine Freundin Sarah reitet auch; sie geht zum Training zu einem Nachbarstall. Sarah hat dir erzählt, dass sie wohl künftig einen neuen Reitlehrer mit dem Namen "Chris" bekommt. Kann dies der Chris Halberstedt sein? Wird er den Stall wechseln?

Mögliche Fragen für dich:
- Julia ist die Nichte von Pferdetrainer Wulf. Ihre Eltern haben einen Bauernhof in der Nähe vom Weingärtner-Hof. Haben sie dort eine Unterstellmöglichkeit für Pferde?
- Frage Chris, ob er den Reitstall wechseln möchte als Reitlehrer.

Weitere Fragen werden dir sicher noch während der Ermittlungen einfallen.

Zum Schluss der Ermittlungen schreibt jeder der Mitspieler auf, wen er für den Täter hält. Anschließend werden die Zettel vorgelesen und zum Abschluss wird die Auflösung des Falles vorgetragen.

Unabhängiger Beobachter

Vorstellungstext

Ich nehme als Sonderermittler an dieser Runde teil und darf mir frei aussuchen, bei welcher Person ich mit in den Geheimtext mit den Hinweisen schauen darf. Die Auswahl muss sich allerdings auf eine Person beschränken. Ich kann diese Person beraten und mich ansonsten ganz normal an den Ermittlungen beteiligen. Wenn meine Wahl zufällig auf die Täterin oder den Täter fällt und ich auf diese Weise vorab erfahre, wer schuldig ist, stehe ich selbstverständlich unter Schweigepflicht. Den Täter werde ich also keinesfalls verraten!

Hinweise Beobachter

Du hast im Vorfeld gewählt und dich für eine Person entschieden, mit welcher du in der Ermittlungsrunde zusammenarbeiten wirst.
Solltest du zufällig den/die Täter/in gewählt haben: Denke an die Schweigepflicht.
Lasst euch in diesem Falle nichts anmerken und versucht gemeinsam, den Verdacht auf andere Personen zu lenken.

Ansonsten gilt:
Fast alle Mitspieler haben größere und kleinere Geheimnisse und genau diese gilt es, herauszufinden.
Oft gehen gute Ermittlungsansätze im Gespräch unter, weil neue Vorwürfe laut werden und das bereits Gesprochene in Vergessenheit gerät.
Höre also genau hin und versuche, jeder Aussage wirklich auf den Grund zu gehen.
Fertige Notizen an, wenn du etwas wichtig erachtest.
Der springende Punkt ist: Wer hatte wirklich ein Motiv für die Tat und wer hatte die Gelegenheit?
Viel Spaß bei den Ermittlungen!

Zum Schluss der Ermittlungen schreibt jeder der Mitspieler auf, wen er für den Täter hält. Anschließend werden die Zettel vorgelesen und zum Abschluss wird die Auflösung des Falles vorgetragen.

Auflösung des Kriminalfalls:

Wer hatte ein Motiv für diese Tat?
Sascha hat erst heute, also erst während der Ermittlungen, erfahren, dass seine Mutter mit ihm in die USA umsiedeln möchte. Er wusste auch nicht, dass sein Pferd Cheyenne verkauft werden soll.
Am Sonntag wollte er seine Mutter überraschen und mit Cheyenne das Turnier reiten. Er hat also kein Motiv, das eigene Pferd aus dem Stall zu stehlen.
Frau Weingärtner scheidet als Täterin ebenfalls aus; sie möchte Cheyenne am Sonntag auf dem Turnier in Bestform präsentieren, da der Käufer, Dr. Müller, sein Kommen angekündigt hat.
Bei Bea, Julia und Matze ist auch kein Motiv ersichtlich. Warum hätten sie das Pferd stehlen sollen? Außerdem stellt sich die Frage, ob die drei nachts unbemerkt das elterliche Haus verlassen können.
Als Verdächtige bleiben also nur Chris Halberstedt und Wulf Herrmann.
Chris hat eine neue Stelle und wollte Cheyenne gerne offiziell kaufen. Er hat sich bereits nach dem Preis erkundigt. Leider hat seine Bank ihm den Kredit verweigert. Er kann unmöglich mit dem gestohlenen Pferd bei dem neuen Arbeitgeber auftauchen. Ein Diebstahl von Cheyenne macht also wirklich keinen Sinn für Chris.

Schauen wir auf Wulf Herrmann.
Wulf ist Pferdetrainer und wird in Kürze den Weingärtner Hof als Pächter übernehmen. Über den geplanten Verkauf von Cheyenne war er informiert und entsetzt.
Wir wissen, dass Wulf stark erkältet ist und am Abend beim Abendessen ein kariertes Taschentuch benutzt hat. Ein solches Taschentuch hat Sascha am nächsten Morgen vor dem Stall gefunden.
Wulfs Schwester besitzt einen Bauernhof mit Stallungen; hier

haben Julia, Bea und Sascha ja trainiert.

Wir wissen, dass Wulfs Schwester einen Tiertransporter hat; dies hat Julia erzählt.

Was ist also passiert?

Wulf ist in der Nacht zum Stall gegangen und hat Cheyenne kleine Jutesäcke über die Hufe gezogen und diese mit Klebeband befestigt, damit das Hufklappern im Hof nicht gehört wird. Dann hat er sie gesattelt und ist rüber zum Hof von Julias Eltern geritten. Dort hat er das Pferd über Nacht im Kuhstall untergestellt. Julias Mutter ist Wulfs Schwester. Er hat sie eingeweiht. Und auch wenn sie Bedenken hatte, wollte sie ihrem Bruder helfen. Sie hat Cheyenne heute Morgen im Hänger zu Freunden auf einen Bauernhof gebracht. Wulf will Cheyenne nicht stehlen; er möchte nur verhindern, dass sie Sonntag startet und dann voreilig verkauft wird. Am Montag spätestens wollte er Frau Weingärtner alles sagen und Cheyenne wieder zurückbringen.

Nachwort: Wie es mit allen weiterging

Sascha ist mit seiner Mutter inzwischen in Texas angekommen. Die Familie ist zusammen und freut sich auf das Leben in den USA. Frau Weingärtner hat von einer Anzeige gegen Wulf abgesehen; sie kann seine Beweggründe für die Tat durchaus nachvollziehen.

Wulf hat Chris überredet, als Reitlehrer am Weingärtner Hof zu bleiben. Die beiden haben gemeinsam das Pferd Cheyenne gekauft und Bea und Julia freuen sich, dass sie weiterhin auf dieser wunderbaren Stute trainieren können.

Matze hat seinen Job auf dem Hof allerdings aufgegeben; die Schule geht vor. Seinen Traum, Pferdewirt zu werden, hat er aber weiterhin fest im Blick.

Ihr seht, unsere Geschichte ist für alle gut ausgegangen.

Auflösung Quiz

Frage 1: Stute
Frage 2: Hengst
Frage 3: Jährling
Frage 4: Adlerfarn
Frage 5: Fahrradhelm / Flip-Flops / Sporen
Frage 6: Havanese
Frage 7: Hufkamm, Hufputzlappen
Frage 8: Golf
Frage 9: Welpenaufzucht
Frage 10: B ist richtig

Und so hast du abgeschnitten:

Bis zu drei Punkten:
Du hast Basis-Wissen, musst aber noch einiges dazu lernen.

4 - 8 Punkte:
Du verstehst wirklich schon viel von Pferden. Herzlichen Glückwunsch, mache weiter so.

9 - 10 Punkte:
Wow! Du bist eine echte Fachfrau/ ein echter Fachmann rund ums Pferd. Herzlichen Glückwunsch.

Ich hoffe, ihr hattet spannende Ermittlungen und viel Spaß. Wenn ihr wieder eine Krimiparty plant, könnt ihr mit

„Krimiparty Kids – Kunstraub in New York" und
„Krimiparty Kids 2 – Was für ein Zirkus"

erneut auf die Jagd nach dem Täter gehen.

Autorenportrait

Cornelia H.-Müller ist seit 2006 als
Autorin tätig. Ihr Genre sind
Mitspielkrimis, Kinderspielgeschichten
und Theaterstücke.

Autorenkontakt über
glashauskrimi@glashauskrimi.de

Besuchen Sie Cornelia H.-Müller auf ihrer Homepage:
www.glashauskrimi.de

Weitere Bücher von Cornelia H.-Müller, erschienen im Edition
Paashaas Verlag:

Die Bücher der Krimiparty befassen sich anders als die
Krimiparty Kids mit Mord – daher werden sie nicht
ausdrücklich als Bücher für Kinder und Jugendliche
ausgewiesen, obwohl auch sie für Personen ab 12 Jahren
geeignet sind.

Krimiparty:
5 neue Fälle für Ihre Ermittlungen zu
Hause
2. Ausgabe, 2015, Paperback, 188 Seiten
ISBN: 978-3-9813928-8-3, Preis: 13,95 €

Entdecken Sie Ihren kriminalistischen
Spürsinn! Mithilfe dieses Buches können
Sie zu Hause gemeinsam mit Ihren Familienmitgliedern und
Gästen auf Tätersuche gehen. Sie ermitteln und befragen, Sie
bewerten Tatsachen und Aussagen und Sie finden schließlich
heraus, wer der Täter oder die Täterin ist.
Altersempfehlung: 12 bis 99 Jahre

Neben dieser großen Sammelausgabe gibt es zahlreiche weitere Bücher mit Einzelkrimis oder Themenreihen:

Krimiparty Sonderband 1: Plötzlich und erwartet
Weihnachtskrimi, ISBN: 978-3-942614-25-2

Krimiparty Sonderband 2: Workshop mit Todesfolge
Krimi aus dem Allgäu, ISBN: 978-3-942614-39-9

Krimiparty Sonderband 3: Die Rache
reiner Frauenkrimi, ISBN: 978-3-942614-41-2

Krimiparty Sonderband 4: MorgenGRAUEN
Bayern-Krimi, ISBN: 978-3-942614-58-0

Krimiparty Sonderband 5: Spargelsilvester
ländlicher Krimi nicht nur zur Spargelzeit,
ISBN: 978-3-942614-71-9

Krimiparty Sonderband 6: Inkognito
Hotelkrimi, ISBN: 978-3-945725-12-2

Krimiparty Sonderband 7: Bayern-Spezial
mit 2 Fällen: MorgenGrauen + Neues aus Wulfrathshausen
ISBN: 978-3-945725-15-0

Krimiparty Sonderband 8: Der fast perfekte Mord
Sylt-Krimi, ISBN: 978-3-945725-84-9

Krimiparty Sonderband 9: Die Wette
ein schottischer Krimi, 978-3-945725-98-6
- auch als englische Ausgabe erhältlich:
Murder Mystery Party 1: The Bet, ISBN: 978-3-96174-000-0

Krimiparty Sonderband 10: Neues aus Wulfrathshausen
Ein Krimi nicht nur für Golfer! ISBN: 978-3-96174-002-4

Krimiparty Sonderband 11: Familienbande
Eifelkrimi, ISBN: 978-3-96174-021-5

Krimiparty Sonderband 12: Schatten der Vergangenheit
Kreuzfahrtkrimi, ISBN: 978-3-96174-025-3

Krimiparty Sonderband 13: Ötzi – oder das schwarze Schaf
Bayern-Krimi, ISBN: 9783961740420

Weitere Ausgaben sind in Planung.

Alle Bücher sind unter: <u>www.verlag-epv.de</u> zu bestellen oder auch überall im Buchhandel erhältlich.

Dort gibt es auch weitere Informationen zur Autorin und Leseproben.